AF450760

CATALOGUE

D'UNE

COLLECTION NOMBREUSE

DE TABLEAUX

DES ÉCOLES D'ITALIE, DE HOLLANDE, ET DE FRANCE,

QUI COMPOSOIENT LE CABINET

DE FEU LE C.ᴱᴺ MARTIN,

Peintre de la ci-devant Académie de France ,

DONT LA VENTE

Après le Décès dudit Cit. MARTIN , aura lieu et se
fera en sa demeure à Paris ,

RUE GUÉNÉGAUD, N.º 17,

Près le quai de la Monnoie ,

Le 15 Germinal An X , (lundi 5 Avril 1802), et jours suivans
de relevée, aux plus offrans et derniers Enchérisseurs, par le
par le ministère du Cit. BOILEAU, Commissaire-Priseur-
Vendeur.

ET A DENIERS COMPTANS.

Ce Catalogue rédigé par A. J. PAILLET, Peintre et Négociant,

Se distribue à Paris ,

Chez les C.ᵉⁿˢ { PAILLET, rue Vivienne , N.ᵒˢ 24 et 45 ,
Maison des Divisions supplementaires du Mont-de-
Piété.

ET BOILEAU, rue du Bacq, près celle de
l'Université, N.º 847.

AN X DE LA RÉPUBLIQUE.

A V I S.

L'EXPOSITION publique des Tableaux de cette Collection, aura lieu dans ledit appartement de feu le Cit. MARTIN, les 10, 11, 12, 13 et 14 Germinal an X, les matins, depuis onze heures jusqu'à trois.

Les lettres T. B. C., mises à la fin de chaque article, indiquent les Tableaux peints sur *Toile*, sur *Bois* ou sur *Cuivre*.

On vendra dans le cours et au commencement de chaque Séance, et sous le N.º 221, un grand nombre de Tableaux non décrits au Catalogue, et qui ne pouvoient non plus faire partie de l'Exposition attendu la petitesse de l'appartement, mais tous appartenans à la Succession du Cit. MARTIN, et dont la plûpart méritent encore l'attention des Acheteurs.

Aucun des articles adjugés ne sera délivré qu'après le paiement effectué entre les mains du Commissaire-Priseur-Vendeur, chargé de ladite Vente.

AVANT-PROPOS.

E N présentant le Catalogue des Tableaux qui composoient le Cabinet de feu le Cit. MARTIN, nous devions en même - temps, et au Public appellé pour juger , enchérir et acheter à cette Vente, une rigoureuse impartialité dans nos désignations ; et aux personnes qui nous ont donné leur confiance pour conduire cette Vente, tous nos efforts, tout notre zèle , pour procurer à cette opération le succès qu'on peut en attendre. C'est dans ces principes , et en cherchant à atteindre ce double but, que nous avons rédigé les descriptions et indications des divers morceaux de cette nombreuse collection , d'une part, en nous conformant autant que possible (ainsi que sa famille a paru le désirer) aux notes manuscrites que le propriétaire étoit dans l'habitude de tenir de ses diverses acquisitions ; de l'autre, en plaçant le plus souvent notre opinion à côté de celle du propriétaire, et en l'appuyant des observations que nous avons cru nécessaires pour rendre hommage à la vérité. Il ne nous reste aujourd'hui à dire sur l'ensemble de ce Cabinet, que quelques mots qui seront facilement justifiés à la première inspection, et du Catalogue et des Tableaux eux-mêmes : c'est que le Cit. Martin. livré pendant toute sa vie à l'étude d'un art qu'il avoit professé lui-même avec quelque distinction, paroit avoir principalement porté toutes ses recherches vers les productions savantes des grands Maîtres de l'École d'Italie ; que séduit journellement par le dessin, la belle couleur et les grandes conceptions de ces hommes célèbres, il visoit toujours à s'entourer de tout ce qui pouvoit les lui rappeller. En vain nous essayerons de prévenir les Amateurs, Artistes et Négocians étrangers et autres qui assisteront à la Vente de ce Cabinet, par l'éloge pompeux des morceaux qui le composent, ou par une nomenclature brillante des Maîtres dont les ouvrages s'y rencontrent; l'art lui-même est toujours, dans pareil cas, un mineur dont le Public plaide assez avantageusement la cause. Nous nous contenterons donc d'inviter les uns et les autres à suivre soigneusement l'Exposition et la Vente dont il s'agit; de les avertir que la plus grande partie des Tableaux de cette collection conviennent à des emplacemens de galeries, qu'ils méritent toute l'attention des yeux les mieux exercés, et peuvent donner lieu à des comparaisons intéressantes ; enfin, et qu'il ne sera présenté dans le cours de cette opération aucun objet qui n'appartienne à la succession dudit Cit. Martin.

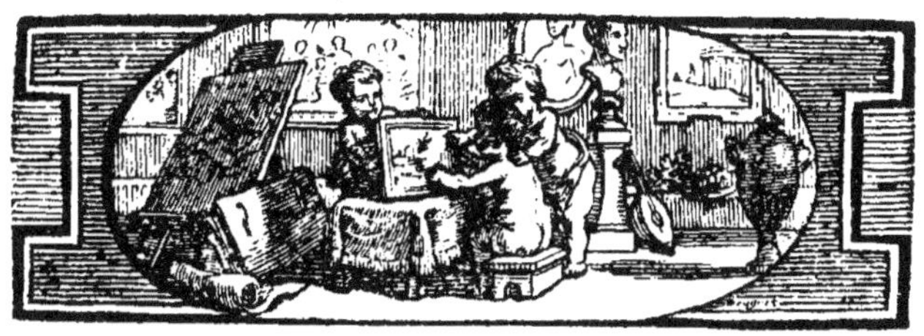

CATALOGUE

DES TABLEAUX

DES ÉCOLES D'ITALIE, DE FRANCE,

DE PLANDRE ET DE HOLLANDE,

DU CABINET

DE FEU LE CIT.ᴱᴺ MARTIN,

Peintre de la ci-devant Académie de France.

ALBANE (François)

N.º 1 Un moyen tableau de forme ovale en travers, représentant Salmacis et Hermaphrodite, composition de deux demi-figures nues, pleines de graces et d'expression, et fortes comme natnre : les connaisseurs y admireront tout ce qui constitue les bonnes productions de l'Albane, et conviendront de la difficulté de rencontrer un morceau de ce genre. Haut. 27 pouc. larg. 31. T.

A

PAR LE MÊME.

2 Un grand tableau de forme ronde, représentant Jésus enfant, entouré de tous les signes et attributs de la passion, qui lui sont présentés par de petits anges formant l'ensemble de la composition. Dans le haut, on voit le Père éternel dans sa gloire, et au-dessous de lui, un autre ange portant le calice. Ce morceau capital n'a que le défaut d'avoir perdu de sa couleur par l'effet du tems. Diamètre 4 pieds 8 pouces. T.

PAR LE MÊME.

3 Une allégorie représentant le Tems sous la figure d'un vieillard aîlé, avertissant la beauté du pouvoir qu'il a sur elle : ce petit morceau laisse à regretter qu'il ne soit pas parfaitement conservé. Haut. 17 pouc. larg. 13. T.

ARTOIS (*Van*)

4 Un grand Paysage offrant, dans l'éloignement, la vue d'un parc, et sur le devant un canal avec passage d'un bac ; au premier plan, sur le rivage, sont quelques animaux, et deux pâtres qui les gardent. Haut. 36 pouc. larg. 42. T.

BARROCHE (*Frédéric*).

5 Un joli tableau représentant la Vierge et S. Joseph, visités par S.re Elisabeth, S. Jean et S. Joachim. Ce morceau précieux et d'une rareté que les ama-

(3)

teurs apprécieront facilement, offre une composition brillante et gracieuse à la fois ; quelques
connaisseurs y ont trouvé assez de mérite pour
l'attribuer au Corrége. Haut. 20 pouc. larg. 45. T.

BASSAN (*Jacques*).

6 Le sujet de la Femme adultère amenée devant
Jésus ; on y compte douze figures de proportion
naturelle savamment distribuées et d'une couleur
digne du Titien. Ce morcean est intéressant pour
le grand effet qu'il produit et sa parfaite conservation. Haut. 36 pouc. larg. 62. T.

PAR LE MÊME.

7 Jésus au jardin des Oliviers ; derrière lui, sur le
premier plan, sont trois figures d'Apôtres endormis : tout ce sujet est artistement éclairé par l'arrivée d'un ange qui vient consoler le Christ pendant
sa prière. Haut. 46 pouc. larg. 38. T.

BEGUYN (*Jean*).

8 Un superbe Paysage de ce maître ; la partie droite
en est occupée par de grands arbres adossés à des
montagnes et rochers élevés couverts de brous-
sailles : au premier plan sont quelques animaux et
un pâtre debout qui s'appuie sur une belle vache ;
le tout placé à côté d'un chemin sur lequel passe un
chariot attelé de quatre bœufs. Ce morceau très pur
et du plus brillant effet, a un mérite de touche et
de couleur qui le disputeroit presque aux beaux

ouvrages de Berghem. Hauteur 36 pouces, larg. 40 pouces. T.

PAR LE MEME.

9 Un autre tableau précieux de ce maître, et dont la composition, ainsi que la touche, se rapprochent également de la manière de N. Berghem ; il représente une Marche de pâtres et de quelques animaux passant au gué une marre d'eau qui conduit sous une arcade de vieille architecture ; l'air du jour, ainsi que la vapeur des lointains, indiquent une belle soirée. Haut. 22 pouc. larg. 20. T.

PAR LE MEME.

10 Une petite Etude de paysage, représentant quelques pâtres et un voyageur auprès d'une monticule sur laquelle sont divers animaux, le fond offrant une perspective de lointains assez agréable.

Haut. 9 pouc. larg. 12. B.

BERG (*Dirrick Van*).

11 Un fragment de paysage agreste, sur le devant duquel sont deux chèvres et un pâtre qui les garde, que l'on voit étendu sous des roches. Ce tableau est d'une bonne couleur et du bon tems de ce maître. Haut. 16 pouc. larg. 20. T.

BOURDON (*Sébastien*).

12 Un moyen tableau de forme ovale en travers, représentant la Sainte Famille ; la vierge lavant du linge, et S. Joseph occupé à étendre celui que lui

apporte Jésus. Ce tableau gracieux et du bon tems
de ce maître, offre un des morceaux agréables qu'on
puisse se procurer de lui. Haut. 27 pouc. lar. 36. T.

PAR LE MÊME.

13 Deux petits tableaux, esquisses terminées de ce
maître ; ils représentent, l'un Marc-Antoine prenant congé de Cléopâtre, l'autre le départ d'Helène.
Haut. 12 pouc. larg. 12. T.

PAR LE MEME.

14 Un petit sujet de la fuite en Egypte, composition
de trois figures, dans laquelle on voit la vierge et
son enfant voyageant sur un âne. Haut. 13 pouc.
larg. 10. T.

BIBIENA (*François*).

15 Deux très-grands tableaux, sujets de temples et
monumens d'architecture ; l'un des deux représentant une rotonde, est orné d'un grand nombre de
figures par *Pietre de Cortonne*, dont le sujet offre
Salomon sacrifiant aux faux Dieux ; l'autre présente un double portique à l'entrée d'un port orné
de quantité de figures analogues, peintes par *J.
Miel*. Ces deux tableaux très-capitaux dans leur
genre sont du meilleur tems et de la plus belle manière de ces trois maîtres. Haut. 5 pieds, largeur
6 pieds et demi. T.

BLANCHARD.

16 Un sujet de deux figures représentant l'Amour

posant une couronne de fleurs sur la tête d'une belle femme : ce tableau tient beaucoup à la manière du Guide, que cet artiste Français avoit surtout pris pour modèle. Haut. 26 pouc. larg. 33. T.

BOULONGNE (*François de*)

17 Un très-beau tableau de ce maître, représentant la prédication de S. Jean dans le désert : cette composition qui offre un grand nombre de figures du plus beau dessin, et distribuées avec art dans un riche paysage, nous paroît une des excellentes productions de l'école Française. Haut. 4 pieds 10 p. larg. 6 pieds. T.

BOULONGNE (*Louis de*).

18 Le sujet de Pan et Sirinx ; cette nymphe est représentée fuyant vers ses compagnes, tandis que le satyre saisit des roseaux en la poursuivant.
Haut. 44 pouc. larg. 54. T.

BOULONGNE (*Ecole des*).

19 Un tableau en hauteur cintré par haut et par bas, sujet de la nativité avec adoration des bergers, et gloire d'anges dans le haut : il paroît avoir servi de projet pour un plus grand tableau destiné pour une chapelle. Haut. 35 pouc. larg. 15. T.

BOYER (et RAOUX).

20 Un sujet d'architecture représentant l'intérieur d'un temple de catholiques, où l'on remarque divers tombeaux et ornemens de ce genre ; il est

orné de quelques figures vêtues dans le costume
Espagnol, peintes par *Raoux*. Haut. 36 pouces,
larg. 28. T.

CAPELLE.

21 Un petit sujet de marine en hauteur, dont le fonds
présente des dunes et une ville dans l'éloignement ;
On y voit, au milieu du second plan, un grand
vaisseau de guerre en pleine mer, et une barque
qui se dispose à en approcher. Hauteur 12 poucces,
larg. 10. B.

CALABREZE (*le*).

22 Le repos de Loth et ses filles après avoir fui la ville
de Sodome que l'on voit, dans le fond, livrée aux
flammes ; ces trois figures fortes comme nature,
sont d'un dessin gracieux et correct, et d'une couleur vigoureuse. Haut. 5 pieds, larg 6 pieds et
demi. T.

CASTIGLIONE (*Benedetto*).

23 Le sujet d'un Sacrifice au Dieu des Jardins : cette
scène se passe au pied d'un monument près duquel
sont rassemblées diverses figures de prêtres, de
nymphes et d'enfans ; et sur la gauche est un roi
suivi de quatre soldats. Haut. 36 pouc. larg. 46. T.

CARAVAGE. (*Michel-Ange de*).

24 Le vieil Homère inspiré de son génie poëtique,

dictant son Iliade à un jeune élève ; derrière lui est une femme écoutant attentivement. Ces trois figures sont représentées fortes comme nature, et ont un grand effet de couleur. Haut. 42 pouc. larg. 48. T.

PAR LE MÊME.

25 Judith mettant dans le sac , tenu par sa servante , la tête d'Holopherne qu'elle vient de couper ; composition de deux figures vues à mi-corps , d'une forte couleur et d'un grand effet. Hauteur 36 pouces , larg. 46. T.

PAR LE MÊME.

26 Un autre sujet de Judith mettant dans le sac que tient sa suivante , la tête d'Holopherue qu'elle vient de couper. Haut. 42 pouc. larg. 36. T.

PAR LE MEME.

27 Un bon tableau représentant le Jugement de Salomon ; composition de dix figures principales , artistement groupées et d'une belle conservation. Haut. 23 pouc. larg. 23. T.

CARRACHE (*Annibal*).

28 Un grand tableau représentant Ulisse et ses compagnons , abordant l'île de Calypso, dont les nymphes placées au second plan , sont métamorphosées en cignes. On y voit ce prince qui s'est fait attacher au mât de son vaisseau , pour éviter de succomber au chant des syrênes : cette composition agréable ,

offre la belle manière de la grande école d'Italie.
Haut. *6* pieds , larg. 8 pieds. T.

PAR LE MÊME.

29 S. Charles Borrhomé représenté à genoux en orai-
son dans ses habits d'Évêque , assisté de deux anges
à ses côtés ; dans le haut du sujet, sont d'autres
anges et séraphins formant une gloire au-dessus de
sa tête. Haut. 48 pouc. larg. 36. T.

PAR LE MÊME.

30 Un tableau de forme ovale en travers, représentant l'Assomption de la Vierge ; elle est vue dans le
moment où elle est portée au ciel par les anges,
tandis que les apôtres sont sur terre dans l'étonnement autour de son tombeau qu'elle vient de quit-
ter : le fond offre un paysage de site Italien.
Haut. 28 pouc. larg. 34. T.

PAR LE MÊME.

31 Un petit sujet représentant Jésus-Christ baptisé
par S. Jean et servi par des anges ; dans le haut est
représenté le Père éternel dans sa gloire. Ce petit
morceau précieux fixera l'attention des amateurs.
Haut. 11 pouc. larg. 9. T.

PAR LE MÊME.

32 Un petit sujet terminé du Christ sur la croix ; sur
la gauche est un groupe de saintes femmes dans la
désolation : il est peint sur papier. Haut. 15 pouc.
larg. 12. T.

D'après ANNIBAL CARRACHE.

33 Une très-belle copie du S. François agonisant, figure forte comme nature ; derrière lui est un ange qui le soutient par dessous les bras, et devant lui est un autre ange qui lui montre les signes de la passion. Haut. 60 pouc. larg. 48. T.

CARRACHE (*Louis*).

34 La Vierge assise tenant sur ses genoux l'enfant Jésus qui présente l'anneau à Sainte Catherine. Ce morceau est plein de grace et d'une couleur vraiment digne des belles productions de cette école. Haut. 34 pouc. larg. 42. T.

PAR LE MÊME.

35 Un petit sujet de Suzanne surprise au bain par les vieillards : il est d'un joli dessin et d'une bonne couleur. Haut. 8 pouc. larg. 6. T.

CARRACHE (*Ecole du*).

36 Le Christ mort porté au tombeau par un ange et une des saintes femmes. Ce morceau offre une très-grande intention et un échantillon précieux des belles productions de cette école. Haut. 22 pouc. larg. 28. T.

IDEM.

37 Jésus mort placé dans le tombeau par les saintes femmes ; composition de sept figures petite nature, dont l'intention et le dessin portent un grand caractère. Haut. 19 pouc. larg. 26. T.

IDEM.

38 Un petit sujet de la fuite en Egypte : la Vierge est représentée voyageant sur son âne et conduite par deux anges placés au-dessus d'elle, tandis que S. Joseph s'arrête pour puiser de l'eau dans une tasse. Haut. 17 pouc. larg. 13. T.

IDEM.

39 Un petit tableau de forme ronde, sujet de l'Assomption de la Vierge. Diamètre 11 pouc. T.

CHAMPAIGNE (*Philippe de*).

40 Le Portrait d'un évêque de Comminges : il est représenté assis, la tête vue de trois quarts sur un fond de rideau rouge, et vêtu d'un surplis blanc, avec camail de couleur ; devant lui est un livre ouvert placé sur une table ; il est d'un fini précieux, et d'une grande vérité. Haut. 48 pouc. larg 36. T.

PAR LE MÊME.

41 Jésus au jardin des Oliviers ; il est représenté à genoux et visité par l'ange qui vient le consoler. Haut. 33 pouc. larg. 24. T.

CHAMPAIGNE (*Jean-Baptiste*).

42 Jésus enfant placé entre S. Joseph et Joachim d'un côté, la Vierge et sainte Anne de l'autre ; au-dessus est une gloire du Père éternel. Hauteur 27 pouces, largeur 39. T.

CIGNANI (*Carlo*)

43 Vénus et l'Amour placés sur un char traîné par des
colombes ; la Déesse est représentée donnant la main
à son fils Enée qu'elle secoure après son naufrage ;
le haut du sujet est occupé par divers petits génies
et autres figures analogues. Haut. 5 pieds, largeur
6 pieds et demi. T.

CIROFERRI.

44 Coriolan abordé dans le camp des Volsques par
sa mère, sa femme et ses enfans, qui viennent lui
demander de faire cesser les hostilités qu'il exer-
çoit contre Rome sa patrie : cette grande composition offre un tableau capital de ce maître, très-
bien conservé et digne des grandes collections.
Haut. 4 pieds 6 pouc. larg. 6 pieds. T.

PAR LE MÊME.

45 Diane sur son char traversant les airs au milieu de
la nuit ; au-dessous d'elle est une figure de femme
drapée et portant deux enfans, allégorie au sommeil et aux illusions des songes : ce sujet savant,
est traité en plafond. Haut. 62 pouc. larg. 46. T.

CORTONNE (*Pietre de*).

46 Un tableau capital de ce maître, représentant un
Triomphe de Bacchus ; le Dieu est placé sur un
char traîné par des tigres, entouré de prêtresses et
de bacchantes ; sur le premier plan à gauche, est
nn groupe de Sylène, suivi et entouré de sylvains

et de faunes : cette marche pittoresque paroît se diriger vers un temple que l'on voit à droite au second plan , et sur le portique duquel est un grand prêtre se disposant à offrir des sacrifices : nous ne pouvons qu'offrir en abrégé cette grande composition, dont l'ensemble présente toutes sortes de détails piquants et ingénieux , et dont le principal mérite consiste dans une superbe couleur et une conservation parfaite. Haut 43 pouces , largeur 6 pieds. T.

CORREGE (*Antoine Allegri, dit le*).

47 Un moyen tableau de forme ceintrée par le haut, offrant le même sujet , connu au Musée de Paris sous le titre de la Vierge à l'écuelle.

Un grand nombre d'amateurs s'accordent à trouver dans celui-ci le mérite de la couleur et du dessin comme dans le grand ; et ont remarqué quelques différences précieuses dans son exécution. Haut. 29 pouc. largeur 19. T.

PAR LE MÊME.

48 Une première pensée du célèbre tableau de ce maître , que l'on voit au Museum , représentant la Vierge portant son fils sur ses genoux ; S. Jérôme devant elle , et sur la droite une sainte à genoux se disposant à baiser le pied de Jésus : ce petit morceau attribué au *Correge* , rappelle encore agréablement la manière et la belle couleur de ce maître. Hauteur 16 pouc. larg. 12. T.

PAR LE MEME.

49 Une Madeleine pénitente ; elle est représentée dans l'attitude et avec l'expression du repentir et de la douleur , les mains croisées sur ses genoux : cette figure gracieuse paroit être l'étude de celle qu'il a placée au pied de la croix dans le grand sujet que l'on voit au Museum. Haut. 36 pouces, larg. 27. T.

CORREGE (*Ecole du*).

50 Une Vierge tenant devant elle son fils à qui elle présente le sein ; à côté de lui est une autre figure d'enfant indiquant un ange. Hauteur 36 pouces , larg. 32. B.

IDEM.

51 Jésus à genoux au jardin des Olives , et visité par un ange : on voit dans le fond les disciples endormis. Haut. 18 pouc. larg. 20.

IDEM.

52 Un sujet de Satyre et de Nymphes dans un paysage. Hauteur 30 pouc. larg. 34. T.

IDEM.

53 Un petit morceau, répétition ou imitation du sujet de l'amour qui taille son arc. Haut. 13 pouc. larg. 10. T.

COURTOIS (*Jacques , dit Bourguignon*).

54 Un tableau de forme longue en travers , sujet

d'une bataille et mêlée générale de cavalerie.
Haut. 46 pouc. larg. 56. T.

D E L A H Y R E (*Laurent*).

55 Caton d'Utique, se donnant la mort ; cette figure
vue presque de face et demie nue, est d'un grand
effet de dessin et de couleur. Haut. 3 pieds 10 p.
larg. 4 pieds et demi. T.

D E M O O R (*Carle*).

56 Un tableau ceintré, représentant une figure de
Femme allégorique à l'abondance ; devant elle
sont quelques figures de Cultivateurs auxquels elle
semble indiquer les moyens de conserver ses richesses : il est grassement peint et d'un effet brillant de couleur. Haut. 23 pouc. largeur 15. T.

D E A L E N (*Van*).

57 L'intérieur d'un Temple , d'une riche architecture, au fond duquel est un autel à la Vierge ;
tous les devans sont ornés de diverses figures peintes par Franc Hals, d'une touche et d'une couleur
faciles. Haut. 3 pieds 4 p. larg. 4 pieds 4 p. T.

D E V O O S (*Martin*).

58 Un petit sujet du martyr d'un S. Évêque auquel
on va trancher la tête en présence du peuple.
Haut. 14 pouc. larg. 1c. T.

DEVRIES (*Simon*).

59 Un Paysage étendu, offrant dans l'éloignement la vue d'une forêt au milieu de laquelle on distinque quelques habitations : sur le devant sont diverses chaumières et un chemin conduisant au devant de l'une d'elles ; il est orné de petites figures analogues au sujet. Haut. 15 pouc. larg. 21. B.

DIEPENBECK (*Abraham*).

60 La Vierge assise, vue de face, tenant son Fils debout devant elle, ayant sous l'un de ses pieds un serpent. Haut. 36 pouc. larg. 26. T.

DICK (*Ant. Van*).

61 Le portrait du prince d'Orange, monté sur un superbe cheval blanc ; il est vû de trois quarts, la tête couverte d'un chapeau gris orné de plumes rouges, vêtu d'une casaque jaunâtre avec écharpe rouge, richement brodée en or, et dont les bouts voltigent au gré du vent ; son cheval placé dans l'attitude du galop, et de la plus belle proportion, est entièrement blanc, avec selle, étriers, bride et bridon en or ; le fond de ciel et de paysage indique la manière de Van Huden ; Ce morceau capital et précieux offre vraiement un chef-d'œuvre de ce maître, sur l'originalité duquel nous croyons qu'il ne s'élèvera point de doute. Haut. 8 pieds et demi, larg. 6 et demi. T.

PAR

PAR LE MEME.

62 Le portrait de Catherine de Médicis ; cette princesse est représentée presque de face , vue en pieds, ayant une main appuyée sur une table couverte d'un tapis brodé en or , et adossée à un rideau de même étoffe : elle est vêtue d'une robe d'argent recouverte sur les côtés par un manteau de velours noir. Ce portrait bien conservé, paraîtra sans doute, aux yeux des amateurs, une des productions capitales de ce maître. Haut. 6 pieds et demi , larg. 4 pieds. T.

PAR LE MEME.

63 Charles Premier , sa femme et ses enfans : ce sujet parfaitement pareil au même tableau connu de ce maître, et gravé par Strange , est regardé depuis long-tems comme une première ébauche de ce peintre. Haut. 7 pieds , larg. 6 pieds et demi. T.

PAR LE MÊME.

64 La Vierge assise , vêtue d'un manteau bleue ; elle est vue presque de profil, présentant le sein à Jésus qui est assis sur ses genoux ; au-dessus de lui sont quelques têtes de Chérubins , et derrière lui un portrait d'homme sous la figure de Saint Joseph. Ce morceau a souffert quelque restauration qui en diminue le mérite. Haut. 48 pouc. larg. 42. T.

B

DICK (*Ecole de Van*).

65 Le portrait du duc d'Albe ; il est représenté **en** pieds avec fraise autour du col, et vêtu d'une armure complette en fer ; il porte de la main droite un bâton de commandant, et sa main gau- est appuyée sur son casque. Ce morceau d'un grand effet, rappelle beaucoup la belle manière du maî- tre. Haut. 6 pieds et demi, larg. 4 pieds. T.

DICK (*attribué à Van*).

66 Le roi David déposant sa couronne et recevant des mains d'un ange le cilice et autres signes de pénitence. Ce morceau bien conservé offre de beaux souvenirs de cette école. Haut. 4 pieds et demi, larg. 6 pieds. T.

DOLCE (*Carlo*).

67. Une Vierge de douleur, vue de face, vêtue d'un manteau verd, ayant les mains croisées sur la poitrine, et la tête entourée de rayons dorés. Ce morceau est d'une belle expression.
Haut. 24 pouc. larg. 18. B.

DOMINICHINO.

68 Le sujet de Sainte Cécile, chantant les louan- ges du Seigneur ; cette figure est représentée assise devant une table couverte d'un tapis sur laquelle sont trois enfans dont l'un tient le livre de mu- sique, et les deux autres soutiennent des instru- mens. Ce tableau bien conservé et d'une brillante

couleur, a toujours paru aux connoisseurs comme méritant le titre d'une répétition du même ouvrage connu de ce grand peintre. Haut. 5 pieds et demi, larg. 4 pieds et demi. T.

PAR LE MEME.

69 Sainte Catherine représentée à genoux avec sa palme et la couronne de martyre; elle est accompagnée de deux anges dont l'un soutient un fragment de la roue. Ce magnifique morceau offre un des grands ouvrages de cet habile peintre, et il en a été à différentes fois offert un très-grand prix au feu cit. Martin, par des amateurs étrangers. Haus. 5 pieds, larg 4. T.

PAR LE MÊME.

70 Thimoclée amenée devant Alexandre avec sa famille, et remise en liberté par ce guerrier. Ce morceau précieux et bien conservé est une répétition ou première pensée du même tableau que l'on voit un peu plus en grand et aussi de forme ovale dans la collection du Muséum, n.° 773 du catalogue. Les connoisseurs auront quelque plaisir à comparer ces deux ouvrages. Haut. 26°. larg. 34°. T.

PAR LE MEME.

71. Le martyre d'un Saint en présence du Peuple, composition nombreuse en figures de petite pro-

B 2

portion, offrant beaucoup de détails dans lesquels on peut reconnoître la manière de ce maître. Haut. 36 pouc. larg. 48. T.

PAR LE MEME.

72 La Vierge dans sa gloire ; elle est vue de face assise sur des nuages, et portant son fils sur ses genoux : à ses côtés sont deux anges dans l'admiration, et plus bas, deux figures de Séraphins. Ce petit morceau est rempli de finesse et d'expression. Haut. 21 pouc. larg. 15. T.

EYCK (*Van*).

73 Deux anciens tableaux, sujets de Batailles, dont l'un offre sur le devant, une attaque de cavalerie, et l'autre un choc d'infanterie au fusil ; ils sont signés du nom du maître. Haut. 20 pouc. larg. 30 pouc. T.

FONTENAY (*Baptiste*).

74 Un grand tableau représentant une Console d'architecture, couverte d'un tapis de soie bleue, portant de riches vases en or, une corbeille de différens fruits et un vase rempli de fleurs : tous ces objets sont rendus avec vérité, et de la couleur la plus brillante. Haut. 36 pouc. larg. 44. T.

GALLOCHE.

75 Le sujet de la Nativité et de l'adoration des
Bergers; composition de neuf figures principales,
au-dessus de laquelle le peintre a placé une gloire
d'Anges et de Chérubins, dont plusieurs jouant
de divers instrumens. Haut. 3 pieds 10 pouc.
larg. 4 pieds. T.

GELÉE, *dit le Lorain (Claude).*

76 Un moyen tableau représentant un Paysage et vue
d'une Forêt à l'instant du crépuscule du soir; il
est orné sur le premier plan de divers animaux
conduits par un pâtre : l'effet en est savant, et
il nous a paru assez bien conservé.
Haut. 24 pouc. larg. 35. T. collée sur bois.

PAR LE MEME.

77 Deux tableaux faisant pendants ; l'un représente
un riche Paysage, varié à droite par des lointains montagneux, et quelques fabriques ; on y
remarque, sur le premier plan, la Sainte Famille
fuyant en Égypte et conduite par deux Anges ;
le second offre aussi une vue de Paysage au soleil
couchant avec lointains de marine, et l'on y voit
au second plan un chemin conduisant à un pont
et sur lequel sont des bestiaux et un pâtre rega-
gnant leur habitation. Ces deux tableaux d'un

très bon effet, ont sur-tout le mérite d'une parfaite conservation. Haut 13 pouc. larg. 17. T.

ATTRIBUÉ AU MEME.

78 Une très-grande Marine avec effet de soleil dans
le brouillard, en opposition à une tour : le devant est occupé par une barque remplie de personnages, et qui aborde au rivage sur la droite
duquel est un portique d'architecture.
Haut. 3 pieds 8 pouc. larg. 5 pieds et demi. T.

GONSALEZ (*Bartholomé*) 1617.

79 Un ancien portrait d'une Princesse, ayant un
chien à ses pieds ; elle est vêtue d'un habillement
singulier, de mousseline brochée, avec chaîne,
glands et boutons en or émaillé ; sa main gauche
est appuyée sur le dos d'une chaise.
Haut. 5 pieds et demi, larg. 3 pieds et demi. T.

GUERCHIN (*Le*).

80 Le sujet de Loth et ses filles ; composition agréable de trois figures, offrant un groupe intéressant
dans lequel contrastent admirablement l'expression de tête et les formes du vieillard avec les
graces des deux jeunes femmes. Ce morceau nous
paroît d'une très-belle conservation et il offre une
des belles productions de ce grand peintre.
Haut. 5 pieds, larg. 4 pieds 10 pouc. T.

PAR LE MEME.

81 Clorinde blessée dans le combat, recevant le baptême des mains de son amant avant de mourir ; composition de deux figures fortes comme nature. Ce tableau est d'une grande expression et d'une très-belle couleur. Haut. 4 pieds, larg. 5. T

PAR LE MEME.

82. Le mariage de Sainte Catherine ; la Vierge est représentée tenant devant elle, assis sur une table, l'Enfant Jésus qui passe un anneau dans le doigt de la Sainte. Haut. 35 pouc. larg. 40. T.

GUERCHIN (*d'après le*).

83 Les trois Déesses, Vénus, Pallas et Junon, représentées de face et à mi-corps, et de proportion forte comme nature ; chacune d'elles drapée et tenant les attributs qui la caractérisent.

Haut. 34 pouc. larg. 42. T.

GUIDO RENI (*dit le Guide*).

84. Un tableau très-capital et qui offre une des plus brillantes compositions de ce maître ; il représente le massacre des innocens : on y voit sous un vaste portique d'architecture différens groupes de boureaux poursuivant des mères éplorées ; celles-ci fuyant pour sauver leurs enfans, d'autres considérant avec douleur les restes malheureux de ces victimes. On ne sauroit trop admirer l'ordonnance et la richesse que ce grand peintre a mises à trai-

ter ce sujet dont la galerie du Muséum ne pos-
sède qu'un fragment ; celui que nous venons de
décrire paroit être l'exécution terminée en petit
de celui qu'il a exécuté en grand.

Haut. 4 pieds , larg. 6. T.

PAR LE MÊME.

85 Le sommeil de l'Enfant Jésus : il est représenté
nud et vu de face , endormi sous un rideau violet ;
derrière lui est placée la Vierge ayant les mains
jointes et paroissant le considérer attentivement.
Ce tableau capital , précieusement conservé , et
du bon tems du maître , est de forme ovale en
travers. Haut. 34 pouc. larg. 38. T.

PAR LE MÊME.

86 Une figure de la Madelaine, vue à mi-corps et
presque de face , tenant de la main gauche une
petite croix , et portant la main droite sur sa poitrine dans l'expression du repentir.

Haut. 32 pouc. larg. 28. T.

PAR LE MEME.

87 Lucrèce se plongeant le poignard dans le sein ;
belle figure vue à mi-corps, portant l'expression
du courage et de la douleur. Haut. 32 pouces ,
larg. 28. T.

PAR LE MEME.

88 Une Étude, terminée de Clorinde, vue à mi-

corps , attachée au poteau ; la tête porte une grande expression. Haut. 24 pouc. larg. 20. T.

PAR LE MEME.

89 Un buste d'Ecce-Homo, vu de face ; belle tête d'expression, et du bon tems de ce maître.
Haut. 20 pouc. larg. 15. T.

PAR LE MEME.

90 Un petit sujet du Christ mort , mis au tombeau par deux Anges et une des saintes Femmes; il est peint sur marbre noir et bien conservé.
Haut. 9 pouc. larg. 11.

GUIDE (*Ecole du*)

91 Le sujet de l'Enlèvement d'Hélène, par Pâris : cette composition intéressante est placée sur le rivage de la mer ; on y compte huit figures principales de proportion demi nature , artistement groupées et dont l'ensemble offre le souvenir d'un des plus beaux ouvrages de ce maître.
Haut. 4 pieds, larg. 4 pieds et demi. T.

IDEM.

92 Deux demi figures de Vierge, vues à mi-corps, toutes deux drapées et ayant les mains jointes ; l'une d'elles porte l'expression de la douleur.
Haut. 21 pouc. larg. 18 T.

IDEM.

93 Jésus enfant, endormi sur sa croix : ce morceau

agréable rappelle un ouvrage très-fin et très-pré-
cieux de ce grand peintre.

Haut, 6 pouces , larg. 8. B.

G U I D E (*d'après le*).

94 Le sujet de S. Michel terrassant le Diable ; très-
belle copie du grand morceau connu et justement
célèbre de ce maître. Haut. 5 pieds, larg. 3 pieds
et demi. T.

G U I D O (*Cagniacci*).

95 Judith, représentée vue de face et en pied de
proportion naturelle ; elle tient de la main droite
un riche poignard, et de la gauche la tête d'Holopherne qu'elle vient de couper. Cette figure ma-
gnifiquement vêtue est placée entre un trophée
de cuirasses et d'armures que l'on voit à sa gauche , et une table couverte d'un tapis de velours
qui se trouve à sa droite. Ce morceau important
est bien conservé. Haut. 78 p.° larg. 52 p.° T.

HALLÉ (*père*).

96 Un grand tableau représentant Loth et ses filles ;
ces trois figures sont de proportion forte comme
nature ; et dans le fond on remarque la ville de
Sodome embrâsée. Haut. 6 pieds et demi, largeur
5 pieds et demi. T.

HERMANT (*d'Italie*).

97 Un grand Paysage offrant des sites montagneux, des lointains agréables, et au second plan une fabrique de ruines d'architecture ; sur le devant est une roche en forme de souterrein dans lequel un pâtre conduit ses bestiaux, et près de là, au bord d'un rivage, sont diverses figures de femmes dont une nue revenant de puiser de l'eau : il est d'un effet brillant, et d'une précieuse conservation dans toutes ses parties. Haut. 4 pieds et demi, largeur 4 pieds et demi. T.

HOEK (*Jean Van*).

98 Une Sainte Famille, composition de cinq figures ; on y voit la Vierge assise de face, tenant l'enfant Jésus dans un berceau d'ozier, occupé à caresser le petit S. Jean, et derrière elle sont placés S. Joseph et Elisabeth. Ce morceau, d'une belle couleur, est une des bonnes productions de l'école de Rubens. Haut. 42 pouc. larg. 30 pouc. T.

HORIZONTI.

99 Deux tableaux de forme ronde, sujets de paysages et sans figures ; l'un d'eux offre une vue des Cascades de Tivoli et de quelques fabriques Romaines ; l'autre une Fête agreste mêlé de chûtes d'eau parmi des rochers. Diamètre 18 pouces. T.

HUYSUM (*Jean Van*).

100 Un grand tableau représentant un riche Vase

rempli de fleurs de toutes espèces, placé sur une table de pierre, et auprès duquel sont groupés quelques raisins, des pêches et autres fruits. Ce morceau important présente une production capitale de ce maître ; mais que nous croyons être de sa dernière manière. Haut. 4 pieds, larg. 3 pieds. T.

JORDANO (*Luca*).

101 Une Madeleine pénitente ; elle est représentée demi-nue, couchée et les mains appuyées sur un livre. Ce morceau est d'un grand effet et d'une forte couleur. Haut. 5 pieds et demi, larg. 3 pieds et demi. T.

PAR LE MEME.

102 Une Vierge vue de face, tenant l'enfant Jésus dans ses bras ; elle a devant elle le petit S. Jean. Haut.   larg.   T.

JORDANS (*Jacques*).

103 Un grand tableau, sujet allégorique au commerce : il représente le Dieu Neptune appuyé sur une urne, au bas de laquelle sont un triton et deux enfans, et il donne la main à une belle femme nue figurant l'Abondance ; derrière ce groupe est une autre figure de femme aîlée, analogue à cette grande composition. Ce morceau parfaitement conservé et de la plus belle couleur, se rapproche

beaucoup des grandes productions du célèbre peintre auquel on l'attribue. Hauteur 7 pieds, largeur 5 pieds 4 pouc. T.

PAR LE MEME.

104 Un petit tableau d'une touche et d'une couleur vraiment dignes de *Rubens*, auquel il pourroit être attribué ; il représente le sujet de la Crêche et de l'Adoration des Bergers : composition de neuf figures principales, éclairée par l'effet d'une gloire d'anges qui occupent le haut du tableau à main gauche. Haut. 24 pouc. larg. 18. B.

JOSEPIN.

105 Une figure de la Fortune vue allégoriquement sur une vaste étendue de mer, elle est de proportion petite nature ; à sa droite est le char de Neptune, et à sa gauche une petite barque remplie de musiciens ; la figure principale est d'un dessin agréable et d'un coloris gracieux. Haut. 4 pieds, larg. 3 pieds. T.

JULES ROMAIN.

106 La Continence de Scipion ; ce guerrier est représenté assis, recevant les actions de grace d'un ennemi vaincu, auquel il fait remettre l'épouse qui lui avoit été livrée comme prisonnière de guerre ; derrière lui est l'ange de la Victoire qui se dispose à le couronner ; et au second plan sont

diverses figures admirant le trait de générosité de Scipion. Haut. 26 pouc. larg. 35. T.

PAR LE MEME.

107 Un petit tableau oval peint sur agathe ; il représente l'armée de Pharaon culbutée dans la mer Rouge par l'assistance de Moïse : ce tableau composé d'un grand nombre de petites figures dont les détails sont précieux et très-soignés ; offre une grande composition dans un petit espace ; Le Peintre a profité des différentes couches de l'agathe pour indiquer les plans : il est fracturé et très-bien restauré dans la partie gauche du haut du sujet. Haut. 15 pouc. larg. 21.

PAR LE MEME.

108 Une Esquisse sujet de frise, représentant Vénus qui présente l'Amour à Jupiter pour être reçu au nombre des Dieux. Haut. 12 pouc. larg. 32. T.

KALF (*Guillaume*).

109 Un petit intérieur de Cour et Maison rustique ; on y remarque d'un côté, une femme balayant la porte, de l'autre un homme qui se chauffe, et sur le devant quelques légumes. Hauteur 10 pouces, larg. 8. B.

LAIRESSE (*Gérard*).

110 Un petit groupe de trois figures, deux nymphes et un enfant dans un fragment de paysage. Haut. 6 pouc. larg. 5. B.

LÉONARD DE VINCI (*d'après*).

111 Le Portrait de Diane de Poitiers représentée nue et couchée sur un lit, sous la forme de Vénus ayant auprès d'elle un Amour : Cette figure est d'un dessin gracieux et aimable . et d'une couleur intéressante. Haut. 36 pouc. larg. 52. T.

LELI (*Ecole de Van Dick*).

112 Le Portrait vu en pied et de face d'un Général Anglais de ce temps ; il est vêtu d'une soubreveste d'étoffe brodée à manches crevées, avec cuirasse et baudrier ; et il tient un bâton de commandement dans sa main droite. Haut. 78.° larg. 48.° T.

PAR LE MEME.

113 Le Portrait de la Duchesse de Presbourg ; elle est représentée debout , vue presque de face et vêtue de satin blanc; devant elle est un jeune nègre qui lui présente une corbeille de fleurs.

Haut. 6 pieds et demi, larg. 4 pieds 2 pouc. T.

LE SUEUR (*Eustache*).

114 Une première pensée en petit du célèbre tableau de ce maître , qui orne actuellement la galerie du Muséum, dont le sujet offre S. Paul faisant bruler sous ses yeux les livres des hérétiques. Ce petit tableau, qui conserve bien l'intention et la manière du grand , paroîtra, sous ce rapport, précieux aux artistes comme aux amateurs. Hauteur 29 pouces , larg. 24. T.

PAR LE MEME.

115 La Fille de Pharaon s'arrêtant, avec ses compagnes, sur le bord du Nil, et faisant retirer le jeune Moïse qu'elle trouve sur les eaux dans son berceau. Cette composition intéressante, offre dans un paysage, quatre belles figures de femmes, dont le dessin gracieux et correct rappelle la belle première manière de ce grand peintre. Haut. 40 pouc. larg. 46. T.

PAR LE MÊME.

116 Une jeune Prêtresse vue debout, tenant dans sa main un petit rameau d'olivier ; auprès d'elle sont deux figures d'enfans, dont une jeune fille qui semble lui adresser une prière. Hauteur 29 pouc. larg. 23. B.

LE SUEUR (*Ecole de*).

117 Un tableau de forme ronde, représentant Ganimède enlevé par Jupiter sous la forme d'un aigle ; dans le bas du tableau sont placés des nayades et tritons parmi des roseaux, et qui paroissent étonnés de cet enlèvement. Diamètre 37 pouc. T.

LIBERI (*le Cavalier*).

118 La Déesse de la Beauté, représentée nue, vue de face et à peu-près dans l'attitude de la Vénus pudique ; à sa gauche est un Amour ailé, tenant une flèche, et sur sa droite, sont des draperies placées sur un piedestal. Ce morceau d'une très-bonne

bonne couleur, offre un sujet piquant et gracieux pour orner une galerie. Hauteur 6 pieds, largeur 5 pieds. T.

MARATTI (*Carlo*).

119 Sainte Catherine vue de face , vêtue d'un manteau rouge , portant une couronne sur sa tête, et dans ses mains la palme de martyre. Ce morceau agréable rappelle quelque chose des graces et de la couleur du Guide. Haut. 38 pouc. larg. 28. T.

PAR LE MÊME.

120 Jésus enfant assis et vu de face, tenant une petite croix dans sa main gauche. Haut. 23 pouc. l. 17. T.

PAR LE MÊME.

121 Une petite Vierge vue de face et tenant devant elle un livre ouvert , sur lequel elle a les yeux fixés. Haut. 11 pouc. larg. 10. T.

MEULEN (*Ecole de Van der*).

122 Louis XIV faisant exécuter sous ses yeux le passage du Rhin : ce monarque est placé au premier plan du tableau , entouré de ses généraux et des principaux officiers de son armée ; le milieu est occupé par une grande étendue de ce fleuve que l'on voit couvert des guerriers qui le traversent.
Haut. 4 pieds, larg. 4 pieds 8 pouc. T.

MIEL (*Jean*).

123 Clorinde visitant dans sa course une famille de

paysans, sujet tiré de la Jérusalem Délivrée. Ce morceau capital et du meilleur tems de ce maitre, laisse à regretter quelques défauts de conservation. Haut. 28 pouc. larg. 39. T.

MOLA (*François*).

124 Le Repos de la Sainte Famille dans un paysage ; on y voit au milieu la Vierge lavant du linge ; sur la droite S. Joseph en méditation, auprès de lui l'enfant Jésus est couché sur une pierre, et à gauche un ange faisant abreuver l'âne. Ce morceau est d'une intention gracieuse, d'une couleur brillante et bien conservé. Haut. 24 pouc. larg. 27 pouc. T.

MOLENAERT (*Claas*).

125 L'intérieur d'une Cour d'Hôtellerie dans laquelle sont arrêtés un cavalier monté sur un cheval blanc, deux ânes chargés de bagages et quelques enfans : Ce morceau est d'un bon choix de ce maitre et bien conservé. Haut. 13 pouc. larg. 15. B.

MURILLOS (*Barthelemi*).

126 Le jeune Daniel représenté presque nud dans la fosse aux lions ; cette figure bien dessinée et d'un ton de couleur vigoureux, est vue debout et presque de face, ayant une main appuyée sur la tête d'un lion en repos ; elle est de proportion grande comme nature. Haut. 4 pieds 10 pouc. larg. 3 pieds. T.

PAR LE MÊME.

127 Le Roi Salomon entouré de ses femmes, et sa-

crifiant aux faux Dieux ; grande composition de sept figures fortes comme nature , agréablement groupées , du plus bel effet et d'une parfaite conservation. Haut. 5 pieds et demi , larg. 7 pieds. T.

PAR LE MÊME.

128 Le petit S. Jean représenté de grandeur naturelle et assis dans un paysage , ayant devant lui un mouton. Ce morceau est d'une très belle couleur et d'une correction de dessin vraiment digne de ce grand peintre. Haut. 36 pouc. larg. 32. T.

PAR LE MÊME.

129 Un moyen tableau , sujet d'une Vierge assise , vue de profil , ayant sur ses genoux l'enfant Jésus , et devant lui le petit S. Jean assis sur son mouton ; derrière la Vierge , dans l'ombre , est placée la figure de S. Joseph. Haut. 28 pouc. larg. 23. T.

PAR LE MÊME.

130 Le Buste vu de profil et jusqu'à mi-corps d'une sainte Martyre ; elle a une de ses mains appuyée sur la poignée d'une épée. Hauteur 24 pouces , larg. 18. T.

MURILLOS (*attribué à*).

131 Jésus ressuscitant et sortant glorieux du tombeau ; près de lui est une figure d'ange occupée à déranger la pierre du cercueil , et au devant sont trois figures de soldats renversés et dans diverses

attitudes de frayeur et d'étonnement. H. 24 pouc.
larg. 18. B.

IDEM.

132 Deux figures d'Enfans vus en pieds, représentant Jésus et S. Jean, le premier porte sur sa tête
une corbeille remplie des instrumens de la passion.
Haut. 23 pouc. larg. 26. T.

IDEM.

133 Une jeune Femme vue de face et à mi-corps,
ayant une main sur sa poitrine et un mouton près
d'elle. Haut. 24 pouc. larg. 20. T.

OCTERWELT.

134 L'intérieur d'un Appartement dans lequel on
voit une jeune femme au moment de son lever,
vêtue d'un corset bleu et d'une jupe de satin blanc,
occupée à couper ses ongles ; devant elle est une
servante qui lui présente de l'eau dans une aiguiere
et sur un plat d'argent. Ce morceau précieux est
clair et agréable dans ses détails, et il offre une
des belles productions de ce maître.
Hant. 27 pouc. larg. 21. T.

PANINI (Jean-Paul).

135 Un sujet de la Prédication de S. Pierre au moment où il fait précipiter Simon le Magicien du
haut du temple ; on y compte vingt figures princi-

pales : ce tableau , d'une grande force de couleur
et de ton . a souffert des restaurations qui lui ôtent
beaucoup de son mérite. Haut. 27 pouc. lar. 40. T.

PERUGIN (*Pierre*).

136 Un ancien tableau représentant la Vierge assise
dans une niche , autour d'elle sont S. Jean, S. Paul,
S. François et autres saints. et saintes. Ce morceau
d'une belle couleur , est assez bien conservé pour
son antiquité. Haut. 38 pouc. larg. 28. B.

PINAKER (*Adam*).

137 Un Paysage dont la droite est occupée par
des montagnes , au milieu desquelles se trouve
pratiqué un chemin que montent différens animaux et des pâtres qui les conduisent ; à gauche
est une immense étendue d'eau , sur le rivage de
laquelle , au second plan , sont deux personnages
qui causent ensemble. Il est brillant de touche et
d'un effet général qui indique une belle soirée.
Haut. 15 pouc. larg. 19. T.

PIOMBO (*Sébastien del*).

138 Le sujet de la femme adultère présentée à Jésus
par les docteurs et les pharisiens , composition de
huit figures fortes comme nature. Ce tableau offre
un grand mérite d'expressions dans les têtes, et se
trouve heureusement conservé pour son antiquité.
Haut. 4 pieds 4 pouces, larg. 6 pieds et demi. B.

PAR LE MÊME.

139 Jésus entouré de ses apôtres, et remettant à S. Pierre les clefs du Paradis, composition de douze figures dans un fond de paysage : ce tableau bien conservé, porte le caractère des bonnes productions de cette école. Haut. 27 pouc. larg. 35. T.

POTTER (*attribué à*).

140 La vue d'une Prairie sur laquelle sont quelques animaux occupés à paître ; à main gauche du sujet est un vieux tronc d'arbre près duquel est un jeune garçon debout, parlant à une vieille femme assise : le ciel a été refait en entier. Hauteur 16 pouces, largeur 22. B.

POUSSIN (*Nicolas*).

141 Le défi de Marsias et d'Apollon en présence de Midas ; le satyre est représenté jouant de sa flute champêtre , tandis que les deux autres figures l'é-coutent attentivement ; et derrière ce groupe sont trois autres figures de faunes et de nymphes prenant part à cette scène : ce sujet capital paroît avoir été traité par le Poussin dans son dernier tems : il est d'une belle couleur et d'une parfaite conservation. Haut. 6 pieds 10 pouc. larg. 5 pieds. T.

PAR LE MÊME.

142 Une esquisse terminée de ce maître, sujet de Paysage; sur le devant de laquelle il a placé diverses figures de bergers , et le roi Midas prêtant l'oreille

au chant du Dieu Pan. Ce morceau bien fait, peut
être attribué au Poussin dans sa jeunesse.

Haut. 25 pouc. larg. 34. T.

PAR LE MÊME.

143 Une très-belle esquisse de ce maître, représentant en petit le Martyre de S. Erasme que l'on voit
en grand dans la collection du Muséum. Ce morceau précieux est du meillenr tems de N. Poussin,
et quoique non achevé, il peut se placer à côté de
ses meilleures productions. Hauteur 24 pouces,
largeur 15. T.

PAR LE MÊME.

144 L'Assomption de S. Paul, autre esquisse terminée en petit, du même sujet connu de ce maître.
Haut. 16 pouc. larg. 12. T.

PAR LE MÊME.

145 Thésée relevant la pierre sous laquelle sa mère
lui indique que sont cachées les armes de son pere;
composition de trois figures dans un fonds de paysage et d'architecture. Ce morceau savant, paroît
être de la première manière du Poussin.

Haut. 36 pouc. larg. 47. T.

Attribué AU MÊME.

146 Un sujet de la Crèche, composition de huit petites figures dont la couleur et le dessin rappellent
beaucoup la manière de ce grand maître. Hauteur
23 pouc. larg. 28, T.

I D E M.

147 Un fragment de composition de Bacchanale, avec figures d'enfants analogues au sujet.
Haut. 25 pouc. larg. 18. T.

I D E M.

148 Un autre fragment du même genre, représentant le Repos d'une nymphe et d'un satyre, qu'un enfant fait boire dans un vase en forme d'urne. Haut. 24 pouc. larg. 17. T.

D'après NICOLAS POUSSIN.

149 Un Repos de Bacchantes et Sylvains dans un paysage, composition de dix figures agréablement groupées, parmi lesquelles sont quelques enfans analogues au sujet. Haut. 44 pouc. larg. 54. T.

I D E M.

150 Un sujet de Moïse sauvé des eaux par la fille de Pharaon ; elle est placée sur le bord du fleuve, accompagnée de ses suivantes, et paroissant ordonner à l'une d'elles d'aller chercher une nourrice pour l'enfant : ce morceau porte quelque chose des caractères du Poussin. Haut. 35 pouc. larg. 38. T.

PORDENON.

151 Un très-bon tableau de cinq figures fortes comme nature, sujet de l'Incrédulité de S. Thomas : il est d'une forte couleur, d'un grand effet et dans un bon état de conservation. Haut. 44 pouc. larg. 42. T.

PROCACCINI (*Camille*).

152 La Vierge tenant l'enfant Jésus sur ses genoux :
elle est vue de profil et assise ; auprès d'elle sont
quatre figures d'anges en contemplation devant le
Messie. Haut. 45 pouc. larg. 35. T.

RAPHAEL (*Sanctio d'Urbin*).

153 Un tableau de forme ovale , représentant la
Vierge vue presque de face, vêtue d'une tunique
rouge , tenant son fils qu'elle embrasse de la main
droite, et dont une main se porte sur son épaule ;
Ce morceau précieux et plein de grace , rappelle le
beau sujet de la Vierge à la Chaise, qui se voit dans
la collection du Muséum ; il est aussi d'une très-
belle conservation. Haut. 28 pouc. larg. 23. B.

PAR LE MÊME.

154 S. Joseph , la Vierge , Sainte Anne, Jésus et
S. Jean, placés dans différentes attitudes analogues
au sujet , auprès d'un ancien monument d'architecture ; ce tableau qui porte un caractère recommandable , ne laisse rien à desirer pour les expressions
et les airs de têtes qu'on ne peut attribuer qu'à cet
habile peintre. Haut. 29 pouc. larg. 23. B.

PAR LE MÊME.

155 Un moyen tableau très-ancien et de la première
manière de ce maître , au tems où il quitta l'école
de *Perugin* : il représente la Vierge , Jésus et Jo

seph visités dans leur étable par les bergers, au moment de la Nativité : les fonds indiquent la ville de Bethléem , et dans le haut se trouve placée une gloire du Père Éternel entouré de quelques anges : ce tableau précieux pour son antiquité , et d'ailleurs assez bien conservé , ne laisse point de doute sur son originalité. Haut. 30 pouc. larg. 22. B.

PAR LE MEME.

156 Le Couronnement de Charlemagne ; ce morceau est connu pour être une répétition en petit du même sujet , que ce peintre a traité à fresque dans les Loges du Vatican : il offre des caractères et une couleur vigoureuse , qui rappellent la grande manière de ce maître. Haut. 3 pieds et demi , largeur 5 pieds et demi. T.

RAPHAEL (attribué à).

157 Sainte Marguerite vue debout après avoir terrassé le dragon , que l'on voit sous ses pieds sous la forme d'un serpent. Cette belle figure est représentée de face et drapée en entier , ayant une main en avant dans laquelle elle tient une palme : ce morceau vraiment intéressant pour la noblesse du sujet , la correction du dessin et la belle couleur , rappelle beaucoup le grand talent du célèbre peintre auquel il est attribué. Haut. 5 pieds et demi , larg. 4 pieds. T.

IDEM.

158 La Vierge assise dans un paysage auprès d'un

palmier, ayant devant elle Jésus, et sur le côté le
petit S. Jean prosterné. Ce morceau est un très-
beau souvenir du même sujet qui se voyoit an-
ciennement à la galerie du Luxembourg, et qui
est actuellement au Muséum. Hauteur 42 pouces,
larg. 32. B.

IDEM.

159 Le Jugement de Pâris. Ce tableau au moins précieux pour le souvenir qu'il retrace d'une des plus
aimables compositions de ce grand peintre, paroît
avoir considérablement souffert ; il est encore assez
bien restauré pour mériter quelqu'attention de la
part des amateurs. Haut. 28 pouc. larg. 40. T.

IDEM.

160 Une Vierge assise vue de face, tenant sur ses
genoux l'enfant Jésus, derrière lequel est le petit
S. Jean ayant les mains croisées sur sa poitrine. Ce
tableau qui a souffert, tient aussi beaucoup du caractère de *Léonard de Vinci*. Hauteur 40 pouces,
largeur 30. T.

REMBRANDT (Von Rhin).

161 Un petit sujet du Banquier à son bureau, recevant de l'argent que lui apportent des paysans ; il
est éclairé par le jour d'une belle croisée en opposition à laquelle se trouve placé un commis écrivant ;
l'effet de cette composition est lumineux et d'un ton
de couleur précieux pour l'ensemble.

Haut. 12 pouc. larg. 10. T.

PAR LE MEME.

162 Un tableau d'un grand effet, représentant une
Tempête sur mer ; au milieu du sujet sur la gauche,
on remarque un navire prêt à être enseveli sous les
vagues, et duquel est précipité Jonas.
Haut. 36 pouc. larg. 48. T.

PAR LE MEME.

163 Un petit tableau représentant un Magicien suivi
d'un ange qui tient un serpent autour de son bras ;
le fonds offre un reste de paysage, dont la presque
totalité est refaite par une main moderne.
Haut. 11 pouc. larg. 8. T.

RESTOUT.

164 Les Rois Mages prosternés en adoration devant
l'enfant Jésus que la Vierge tient entre ses bras.
Ce morceau est pur et d'une belle couleur.
Haut. 48 pouc. larg. 33. T.

RIBERA (*dit l'Espagnolet*).

165 Deux grands portraits, l'un d'un Géomètre,
l'autre d'un Astronome, tous deux avec les mains :
ils sont vus de face et d'un effet savant de couleur.
Haut. 42 pouc. larg. 46. T.

ROMANELLI.

166 Un grand tableau représentant le Combat de
Pâris et de Ménélas ; ce sujet est traité dans un
paysage sur le rivage du fleuve Scamandre, dont

on voit, dans l'éloignement, le Dieu qui contemple les combattans ; derrière chacun de ces héros sont les troupes qui les suivoient dans leurs expéditions. Ce morceau est bien conservé et d'une brillante couleur. Haut. 5 pieds, larg. 6 pieds et demi. T.

PAR LE MEME.

167 La Déesse Pallas s'adressant aux neuf Muses, qu'elle trouve rassemblées au pied de l'Hélicon ; composition de dix figures dans un riche paysage. Ce sujet gracieux offre dans toutes ses parties un ensemble agréable, auquel se joint le mérite d'une conservation parfaite. Haut. 3 pieds et demi, larg. 5 pieds. T.

PAR LE MEME.

168 Un sujet de l'Écriture Sainte, composition de douze figures de proportion demi-nature : la scène se passe au bord de la mer, et le sujet semble indiquer un apôtre imposant les mains sur une femme qui se trouve placée près d'un brasier.
Haut. 53 pouc. larg. 46. T.

ROTENHAMER (*Jean*).

169 Un grand tableau de forme longue en travers, représentant le Passage de la mer Rouge ; on voit d'un côté les Israélites dans l'état de bonheur et de tranquillité, après avoir abordé la terre promise ; et de l'autre, Pharaon et toute son armée culbutés dans les flots par la puissance de Moïse. Ce tableau

capital et bien conservé, est une des grandes compositions de ce maître. Haut. 3 pieds, larg. 6. B.

P. P. RUBENS.

170 Une Allégorie à la gloire de Louis XIII. — Ce prince y est représenté dans sa jeunesse, revêtu d'une cuirasse dorée, et assis sur un trophée d'armes; à sa droite est une figure de la Victoire, à demi-nue et lui posant une couronne de lauriers sur la tête. Nous laissons aux amateurs et connoisseurs, à juger si ce tableau, d'ailleurs recommandable par son exécution et ses détails précieux, ne seroit pas de plusieurs artistes, et s'il ne faudroit pas n'attribuer à *Rubens* que la belle figure de la Victoire, qui nous a paru vraiment digne de son pinceau.

Haut. 5 pieds 3 pouc. larg. 4 pieds 8 pouc. T.

PAR LE MEME.

171 Un Guerrier vu de profil et vêtu d'une cuirasse, saisissant une jeune femme qui paroît lui faire résistance : ce morceau doit être regardé comme une étude de cet artiste, lorsqu'il travailloit en Italie.

Haut. 33 pouc. larg. 29. T.

PAR LE MEME.

172 Un petit sujet de la Vierge et son fils; elle est représentée debout derrière une balustrade sur laquelle est placée l'enfant Jésus. On admire dans ce petit tableau, une grande fraicheur de coloris qui tient beaucoup à celle qui distingue les ouvrages de ce maître. Haut. 16 pouc. larg. 13. C.

RUBENS (*Ecole de*).

173 Deux Figures de Femmes allégoriques, représentant la Force et la Victoire; cette dernière est
placée en avant, coëffée, d'un casque et vêtue d'une
armure : différens amateurs s'accordent à retrouver
dans ce tableau ce coloris et la liberté de pinceau du
maître auquel on l'attribue. Haut. 42 pouc. l. 34. B.

IDEM.

174 Vénus Chasseresse, recevant de Méléagre la
tête du sanglier : ce sujet composé de trois figures,
est agréable de couleur et d'intention : les figures
sont de proportion forte comme nature.

Haut 5 pieds, larg. 4 pieds. T.

IDEM.

175 Le sujet de la Crêche et de l'Adoration des Rois,
composition de dix figures, dont quelques parties
rappellent la manière de *Rubens*.

Haut. 39 pouc. larg. 30. B.

IDEM.

176 Une Copie de moyenne proportion du grand
sujet de ce maître, représentant l'Assomption de
la Vierge. Haut. 50 pouc. larg. 42. T.

IDEM.

177 Le Buste d'un Guerrier, la tête vue presque de
face, couverte d'un grand chapeau, avec surtout
noir et chaîne d'or autour du col.

Haut. 26 pouc. larg. 20. T.

I D E M.

178 Le sujet de la Nativité et de l'Adoration des Rois ; la Vierge est représentée debout, présentant son fils à un des Mages qui lui baise le pied ; dans le haut du sujet, est un escalier sur les degrés duquel sont diverses figures contemplant cette scène. Haut. 5 pieds et demi , larg. 4 pieds et demi. T.

R U Y S D A E L (*Jacques*).

179 Un joli Paysage de ce maître , représentant l'entrée d'une forêt ; au milieu est le point de vue d'un chemin montueux éclairé du soleil , et que gravit un chariot attelé d'un cheval blanc ; à droite du sujet sont un homme , une femme et deux enfans en repos : les figures de ce tableau nous paroissent être peintes par Lingelbach. Haut. 20 pouc. l. 14. B.

S A L V A T O R R O Z A.

180 Un grand Paysage en hauteur , d'un site pittoresque , entouré de rochers mêlés de chûtes d'eau ; au milieu du sujet est un pont rustique , à l'entrée duquel sont deux figures dont un soldat. Ce morceau est d'une couleur savante et d'une originalité non suspecte. Haut. 5 pieds, larg. 4 pieds 4 po. T.

P A R L E M E M E.

181 Un très-grand Paysage avec vues de rochers sur la droite , et perspective de mer sur la gauche : au

devant

(49)

devant du sujet sont deux figures, dont une nymphe
poursuivie par un satyre ; et au second plan sur la
droite, diverses autres figures de nymphes effrayées.
Nous laissons aux connoisseurs à décider si le paysage de ce tableau ne doit pas être attribué à *Hori-
zonty.* Haut. 4 pieds, larg. 6 pieds. T.

PAR UN DISCIPLE DE *Salvator Rosa.*

182 Deux grands tableaux, sujets de Batailles : ces
deux morceaux offrent des groupes intéressans de
combattans, et des lointains harmonieux, dans lesquels on distingue des marches et évolutions militaires. Haut. 42 pouc. larg. 48. T.

SARTE (*André del*).

183 Le sujet de la Fécondité représenté par une belle
femme vue de face, tenant sur elle deux enfans,
dont un qu'elle alaite ; à ses pieds est un autre enfant
endormi. Ce morceau très-capital, puisqu'il offre
une répétition exacte avec des différences précieuses, de celui qui orne la galerie du Muséum, est
infiniment recommandable par sa grande pureté et
sa conservation. Hauteur 6 pieds, largeur 4 pieds
6 pouces. T.

PAR LE MEME.

184 La rencontre de la Vierge et d'Elisabeth. Ce
morceau intéressant et dans lequel les différens
connoisseurs ont cru reconnoître la manière d'*An-
dré del Sarte*, et d'autres celle de *Raphael*, offre un

D

contraste piquant du caractère de jeunesse de la Vierge avec la vieillesse d'Elisabeth ; les figures en sont fortes comme nature, et il est bien conservé. Haut. 5 pieds et demi, larg. 4 pieds et dem. T.

PAR LE MEME.

185 La Vierge vue de face et tenant sur ses genoux l'enfant Jésus , derrière elle sont à sa gauche S.te Anne et le petit S. Jean, et à droite Joseph et S. Joachim : toutes ces figures sont vues à mi-corps, excepté celle de l'enfant Jésus qui se voit en entier. Ce morceau est vraiment précieux pour sa belle exécution et sa parfaite conservation.

Haut. 31 pouc. larg. 36. B.

PAR LE MEME.

186 La Vierge assise vue à mi-corps et tenant sur ses genoux l'enfant Jésus qui porte une de ses mains vers son col comme pour la caresser.

Haut. 35 pouc. larg. 50. T.

SARTE (*Ecole d'André del*).

187 Un moyen tableau représentant la Vierge avec l'enfant Jésus sur ses genoux : à droite Sainte Anne et le petit S. Jean . à gauche Sainte Catherine s'appuyant sur un fragment de roue. Ces figures qui sont de proportion petite nature, offrent un souvenir agreable de la manière de ce maitre.

SCHYDONE.

188 Un petit tableau représentant S. Sébastien éten-

du mort après son martyre , et les saintes femmes
s'empressant autour de lui à retirer les flèches de
son corps. Haut. 16 pouc. larg. 13. T.

PAR LE MEME.

189 Un petit sujet de la Femme adultère , composition de sept figures , dans laquelle on remarque le
Christ traçant sur la terre avec son doigt quelques
caractères paraboliques. Haut. 13 pouc. lar. 15. B.

SEGHERS (*Gerard*).

190 Une esquisse terminée en petit du grand tableau
de ce maître , représentant le reniement de Saint
Pierre. Haut. 18 pouc. larg. 22. T.

SNEYDERS (*François*).

191 Un sujet de fruits, de légumes, gibier et oiseaux
morts , le tout composé et groupé sur une table
couverte d'un tapis vert : ce morceau précieux offre
une grande variété d'objets qui tous sont rendus
avec esprit et vérité ; la couleur en est brillante
dans toutes les parties, et il est d'une conservation
parfaite. Haut. 36 pouc. larg. 48. B.

SOLARIO (*André*).

192 Un sujet de deux figures fortes comme nature,
dont l'une largement drapée , paroît indiquer une
allégorie de la vertu prêchant à la jeunesse de re-
noncer aux vanités de la terre. Ce tableau porte un
grand caractère , et il nous a paru d'une belle conservation. Haut. 48 pouc. larg. 48. T.

SOLIMENE (*François*).

193 Un petit tableau très-fin de ce maître, représentant la Crêche et le sujet de l'Adoration des Rois; l'artiste a joint à cette composition un grand nombre de figures accessoires, telles que prélats, cardinaux et autres qui enrichissent ce sujet, dont l'intention paroît avoir eu pour objet un grand tableau de chapelle : les artistes et les connoisseurs y trouveront des beautés dignes des plus grands maîtres.
Haut. 17 pouc. larg. 15. T.

PAR LE MEME.

194 Un tableau de forme longue en travers, composition nombreuse en figures, dont le sujet paroît être S. Bruno recevant les hommages de différens princes et guerriers. Haut. 26 pouc. larg. 56. T.

TENIERS. (*attribué à*)

195 Un Paysage sur le devant duquel est un pâtre qui joue de la flute en gardant une vache et quelques moutons; il est peint avec facilité et d'un ton de couleur qui le font attribuer à ce maître.
Haut. 15 pouc. larg. 21. T.

TERBURG (*attribué à*).

196 Un petit interieur de Corps de garde dans lequel se voyent trois figures d'officiers et soldats. Ce morceau qui a eu jadis quelque mérite, a beaucoup souffert, et n'est pas très heureusement restauré.
Haut. 14 pouc. larg. 10. B.

TIARINI (*Alexandre*).

197 Un Saint Evêque à genoux , ayant derrière lui
des acolytes dont l'un porte sa crosse et l'autre sa
mitre : il est placé devant un livre ouvert tenu par
le diacre , et sur la gauche est un Saint de l'ordre
de Saint Benoît aussi à genoux : le haut du tableau
est occupé par un groupe de la Vierge et l'enfant
Jésus portés sur des nuages. Ce morceau du plus
grand caractère et d'une originalité non douteuse ,
paroît être là première pensée terminée du même
sujet , que l'on voit en grand dans la galerie du
Muséum. Haut. 28 pouc. larg. 20. T.

TINTORET

198 Judas livrant Jésus aux juifs par le baiser de
trahison ; composition de sept figures fortes comme
nature et vues à mi-corps : ce morceau vigoureux
de couleur , offre le caractère des grandes productions de cette école. Haut. 3 pieds , larg. 4 pieds
8 pouc. T.

PAR LE MEME.

199 Un sujet de l'Histoire Sainte, représentant un
Ange visitant un Saint Martyr dans la prison , et
lui proposant de sauver par sa mort un grand
nombre de captifs qui y sont aussi détenus : ce
morceau ancien et d'une belle couleur . paroît être
la pensée du même sujet traité en grand par ce
artiste. Haut. 21 pouc. larg. 48. T.

PAR LE MEME.

200 Jésus à table chez le Pharisien ; composition de treize figures de petite nature : ce morceau est assez bien conservé et d'un bel empâtement de couleur. Haut. 23 pouc. larg. 28. T.

TITIEN (*Vecelli*).

201 Le Repos de Vénus et Adonis dans un paysage : composition agréable de deux figures artistement groupées ; au-devant sont plusieurs chiens et quel-instrumens de chasse liés au sujet, Hauteur 57.° larg. 66.° T.

PAR LE MEME.

202 Un sujet de deux figures , représentant une Femme consultant son Medecin sur son état de grossesse : on lit au bas du tableau quatre vers la-tins qui indiquent ce sujet et l'originalité de ce morceau d'une manière non douteuse. Haut. 38 pouc. larg. 31. T.

PAR LE MEME.

203 La Vierge assise vue de profil , vêtue d'une robe rouge , et tenant sur ses genoux son fils presque nud. Ce sujet est d'un dessin pur et correct , et d'une très-bonne couleur. Haut. 39 pouc. larg. 30. T.

PAR LE MEME.

204 Le Portrait du duc d'Alençon, fils de Henri II; Il est vu de face, vêtu d'une casaque et d'un man-teau richement brodé , portant la main gauche sur

la garde de son épée. Ce morceau est précieux pour son ancienneté. Haut. 31 pouc. larg. 23. B.

TREVISANI.

205 Un petit sujet de la Vierge appuyée sur le berceau de Jésus, auquel elle donne à tetter.
Haut. 8 pouc. larg. 5. B.

VATTEAU (*Ant.*).

206 Deux petits tableaux presque grisailles, d'une touche et d'un effet spirituels ; ils représentent des Marches et Haltes militaires. Hauteur 8 pouces, larg. 13. B.

VERONÈSE (*Paul*).

207 Une esquisse terminée d'un grand sujet de Plafond, composée de beaucoup de figures allégoriques distribuées sur différens plans.
Haut. 53 pouc. larg. 35. T.

WEENINX (*J. Bapt.*).

208 La Vue d'un Paysage dont la gauche est entrecoupée jusque dans les lointains d'une grande étendue d'eau ; au milieu du second plan est un château fort construit sur le rivage, et sur les devants à droite, est une compagnie d'hommes et de femmes occupés à se rafraichir, tandis que leurs chevaux font halte auprès d'eux. Ce morceau est d'un effet piquant et d'une touche spirituelle dans toutes ses parties. Haut. 23 pouc. larg. 28. T.

VAN DE VELDE (*Guillaume*).

209 Un tableau, sujet de marine offrant une mer calme, au milieu de laquellu est un fort bâtiment de guerre annonçant par un coup de canon son arrivée en rade ; sur la gauche sont quelques autres bâtimens, et le devant est orné de quelques figures de pêcheurs : il est de la première manière de ce maître, lorsqu'il travailloit en Angleterre.

Haut. 23 pouc. larg. 45. T.

VOUET (*Simon*).

210 Marc-Antoine déposant aux pieds de Cléopâtre les présens et les richesses qu'il a rassemblés dans ses conquêtes ; composition intéressante dans laquelle on reconnoît la première manière de ce maître. Haut. 43 pouc. larg. 35. T.

PAR LE MEME.

211 Le sujet de la Fécondité, représenté sous la figure d'une belle Femme assise, offrant ses mamelles à deux enfans qu'elle tient de chaque côté ; à sa gauche est un autre enfant derrière lequel on voit un pélican, attribut ordinaire de la maternité. Haut. 5 pieds, larg. 5 pieds et demi. T.

ZUCCHARO (*Frédérick*).

212 Un petit sujet de la Cène, composition de treize figures, dans laquelle Jésus est représenté au moment où il institue le sacrement. Haut. 11 pouces, larg. 9. B.

TABLEAUX

PAR DIFFÉRENS MAITRES.

Quatre sujets à fresque sur plâtre.

214 Quatre tableaux anciens, dont trois de forme
ronde et un quarré en hauteur, représentans différens Sujets de la fable ; Vénus et Adonis, Phaëtuse
métamorphosée, le Sacrifice d'Iphigénie, et Enée
reçu à la cour de Didon ; ces quatre morceaux
d'ancienne peinture sur plâtre, ont été rapportés
par un amateut, après avoir été trouvés dans des
fouilles du voisinage de Naples : ils seront vendus
séparément.

Ancienne Ecole Flamande.

215 Le sujet de l'Annonciation, dans lequel se voit
la Vierge dans son oratoire, recevant la visite de
l'ange : ces deux figures portent des caractères de
têtes pleins de graces et d'expression, qui se dé-
tachent, suivant l'ancien usage des peintres de ce
tems, sur un petit cercle à fonds doré.
Haut. 19 pouc. larg. 22. B.

Par un Peintre flamand.

216 Un grand Paysage peint sur le travers, au milieu
duquel l'on voit S. Jérôme en méditation devant
une croix, et quelques anges placés dans le haut
du sujet. Haut. 3 pieds 4 po. larg. 5 pieds 4. po. T.

Par un ancien Maitre Flamand.

217 Un sujet du Sacrifice d'Abraham, composition de trois figures demi-nature. Hauteur 40 pouces, largeur 34. P.

Par un Maitre inconnu.

218 Jésus se faisant reconnoître aux Pélerins d'Emaüs, grande composition de trois figures fortes comme nature, dont la manière indique l'ancienne Ecole Florentine. Haut. 6 pieds, larg. 7 pieds. T.

Idem.

219 Cléopâtre représentée debout, demi-nue, et appuyée contre une colonne au moment où elle vient de se donner la mort par la piquure du serpent. Ce petit morceau a quelque mérite pour l'expression et la couleur. Haut. 18 pouc. larg. 15. B.

Idem.

220 Deux bons tableaux d'Architecture dans le style flamand, ornés chacun sur le devant de quelques figures dans la manière de *Gérard Hoët*; le sujet de l'une de ces compositions est Moïse sauvé des eaux. Haut. 30 pouc. larg. 42. T.

221 Un grand nombre de tableaux de differens Maîtres des Écoles d'Italie, de France et de Flandre, sans bordures, non décrits au présent Catalogue, et qui seront détaillés et vendus sous ce N.°

F I N.